Für Sie.

Sebastian Krenz

Borax

Das geheime Wundermittel

Nicht der Arzt heilt, sondern die Natur.
Der Arzt kann nur Ihr Getreuer Helfer und Diener sein.
Er wird von ihr, niemals aber die Natur von ihm lernen

Hippokrates von Kos (460 bis etwa 377 v. Ch.)
griechischer Arzt, Vater der Heilkunde

www.100-prozent-leben.de

Haftungsausschluss

In diesem Buch werden Ihnen Informationen aufgrund intensiver persönlicher Nachforschungen und praktischer Erfahrungen des Autors dargeboten. In diesem Zusammenhang werden auch umstrittene medizinische Themen dargestellt. Die derzeitigen Ansichten der Schulmedizin stehen mit den Informationen in diesem Buch sowie der Erfahrungen der Alternativ- und Naturmedizin keineswegs im Einklang.

Die hier festgehaltenen Empfehlungen, Tipps und Informationen ersetzen in keinem Fall den persönlichen, ärztlichen Rat und medizinische Hilfe, vorallem in Notfällen.

Sollten Sie dennoch die Informationen aus dem Buch nutzen und anwenden, unterziehen Sie sich einer Selbstbehandlung und damit der Eigenverantwortung. Hierfür haben Sie natürlich das Recht. Selbstgefällte Entscheidungen bergen zwar immer gewisse Risiken, aber im gleichen Maße auch Chancen.

Dennoch wird von einer Eigenbehandlung – ohne einen vorherigen ärztlichen Rat - bei bekannten Erkrankungen ebenso wie bei unklaren Beschwerden dringend abgeraten.

Inhaltsverzeichnis

Wer hat schon einmal von Borax gehört? Wahrscheinlich die wenigsten! Auch denen unter uns, die sich sehr mit einer gesunden Ernährung mit Nährstoffen und Mineralien befassen, ist Borax nicht unbedingt ein Begriff. Aber es lohnt sich, wenn man sich mit diesem Mineral einmal näher beschäftigt, obwohl es auch eine Gratwanderung zwischen erlaubt und verboten ist! Warum das?

Borax ist ein lebenswichtiges Mineral, dessen Wirkung auf den menschlichen Körper aber sehr umstritten ist. Es ist ein selten vorkommendes Mineral, das bei der Austrocknung von Salzseen entsteht. Diese Seen werden auch Borax Seen genannt, welche weltweit nur an 80 Orten (Türkei, Kalifornien, Chile, Argentinien, Nepal, China und in anderen Ländern, in denen es Salzseen gibt) gefunden werden kann. Borax ist das Natriumsalz der schwachen Borsäure, die sehr alkalisch bzw. basisch wirkt. Bor Verbindungen und Borax werden im menschlichen Körper schnell abgebaut und über den Urin ausgeschieden.

n früheren Zeiten wurde dieser Stoff zur Konservierung der verschiedensten Lebensmittel verwendet. Heute aber ist es in den meisten Ländern verboten. Wissenschaftliche Forschungsergebnisse deuten aber darauf hin, dass wir

Borax/Bor in unserem menschlichen Körper benötigen. Da das Mineral auch ein Bestandteil unserer Erde und somit im Boden enthalten ist, nimmt man automatisch Bor zu sich, wenn man täglich frisches Obst und Gemüse aus der heimischen Landwirtschaft verzehrt Leider ist es aber auch Tatsache, dass sich durch die starken Düngungen der letzten Jahrzehnte der Borgehalt in den Böden sehr reduziert hat. Dadurch hat sich auch die natürliche Versorgung des Menschen mit Bor nachhaltig verschlechtert. Heutzutage wird die Einnahme des Bodenstoffes sehr kontrovers behandelt. Dies kann man auch daran sehen, dass Borax in den USA komplett verboten ist, obwohl Kalifornien einer der weltweit größten Lieferanten dieses Minerals ist. In Deutschland darf Borax/Bor an privaten Endverbraucher **nicht** abgegeben werden.

Innerhalb der EU wird es zum Beispiel nur noch für die Konservierung von Kaviar verwendet und als E285 bezeichnet. Früher kam Borax in vielen Waschmitteln vor, war Bestandteil von Putz-, Bleich- und Desinfektionsmitteln und wurde sogar in Ameisenfallen eingesetzt. Begibt man sich aus Neugier im Internet auf die Suche nach Informationen zu dem Bodenbestandteil Bor, so sind ehrliche Aussagen nicht so leicht zu finden.

Im Folgenden wird nun versucht, einiges an wichtigen Informationen näher zu erläutern und einen neutralen Einblick zu auf das Thema Borax zu geben, vor allem in Bezug auf die meisten und somit folgenden Fragen, die sich ergeben, wenn man anfängt über mit diesem umstrittenen Mineral zu recherchieren.

Wo wurde Borax früher eingesetzt?

Welches sind die heutigen Einsatzgebiete (Mensch und Haushalt)?

Warum genau ist das Wundermittel Borax verboten?

Woher bekomme ich es aber trotzdem?

Der chemische Aufbau von Borax

Borax als Heilmittel

Die Entgiftung des Körpers

Borax und die Zirbeldrüse

Wirkung auf Pilze und Viren innerhalb und außerhalb des Körpers

Welche Dosierung ist richtig?

Die Anwendung am menschlichen Körper

Wie viel Bor/Borax braucht der menschliche Körper?

Borax als Heilmittel gegen Alterskrankheiten (Arthrose, Osteoporose, Candida, Arthritis)

Tauchen wir also ein in die Welt dieses Mineralstoffes! Finden wir heraus, was vor den meisten Menschen heute „versteckt" wird! Schaffen wir uns selbst einen Einblick und Überblick über das - so kontrovers diskutierte - Thema „Borax"!

Beschäftigt man sich mit Borax, wird man oft lesen, dass es ein seltenes Mineral ist. Auf vielen Seiten wird es sogar mit Bor in demselben Satz genannt und gleichgesetzt. Bor ist jedoch laut dem Periodensystem ein Halbmetall, welches, wenn es mit Sauerstoff eine Verbindung eingeht, sich zu Borax umwandelt und dann auch als Kernit bezeichnet wird. Während dieser chemischen Reaktion wird es zu einem Natriumsalz der schwachen Borsäure. Als solches findet man Borax vor allem in Gebieten, wo es große Salzseen gibt. Die größten Gebiete solcher Salzlagerstätten findet man im Westen der Türkei, in Kalifornien (Mojave Wüste) und auch in Argentinien. Insgesamt findet man Borax „nur" an rund 80 Orten auf der ganzen Welt. Bor findet man im Wasser als Borsäure, jedoch hat das Meerwasser einen vergleichsweise hohen Anteil (4-5 mg/l). Aber auch in einigen Mineralwässern sind Boranteile zu finden.

Dadurch, das Bor auch in unserem Grundwasser enthalten ist, kommt es natürlich auch im Trinkwasser vor. Wie auch bei anderen Mineralien ist der Gehalt im Wasser regional sehr unterschiedlich. In Baden-Württemberg ist der Anteil z. B. wesentlich höher als in anderen Teilen des Bundesgebietes. Im Magen reagiert das Mineral mit der Salzsäure, wird zu Borsäure sowie Natriumchlorid und über den Urin vollständig ausgeschieden. Diese Verbindung hat

einen hohen pH-Wert von 9- 10, d.h. es ist sehr alkalisch
bzw. basisch.

Elementares Bor ist schwarz, kommt nicht in der Natur vor
und wird hergestellt. Zudem ist es sehr hart und ein
schlechter elektrischer Leiter. Wird Bor durch Eingehen
einer Sauerstoffverbindung zu Borax, hat es eine kristalline
Form und wirkt sehr hell in seiner Farbgebung. Neben der
Sauerstoffverbindung gibt es Bor auch noch als
Borwasserstoffverbindung, genannt „Borane" die
hochgradig giftig ist.

Im Mittelalter wurde Borax auch „Baurach" genannt und bekam erst im Laufe des 17. Jahrhunderts den Namen Borax. Wissenschaftlich wurde es erst 1748 zum ersten Mal von Johan Gottschalk Wallerius, einem schwedischen Mineraloge, erwähnt Der alte Name Baurach leitet sich von einem persisch-arabischen Wort ab, das ein Überbegriff für Pottasche, verschiedene Nitrate und Borax ist. Es wurde als solches schon in der Antike in China für Glasuren verwendet sowie in Ägypten zum Einbalsamieren. Darüber hinaus wurde Baurach auch schon zum Konservieren von Lebensmittel eingesetzt. Genauere Informationen hierzu oder Rezepturen findet man aber heute so gut wie gar nicht mehr.

Bevor die Frage „Wie wird Borax heute verwendet?" beantwortet werden kann, ist es wichtig, erst einmal zu verstehen, warum Borax heute verboten ist. Hört man von Borax, dem „verbotenem Heil- und Wundermittel", wird man neugierig und schon geht es los mit der Internetrecherche. Dass erste was auffällt ist, dass es selten ein Thema im Bereich Gesundheit und Nahrungsergänzung gibt, welches so komplett kontrovers diskutiert wird. Auf der einen Seite sind die Gegner, die jede auch nur noch so kleine, zusätzliche Versorgung mit diesem Mineral ablehnen und die auch den medizinischen Nutzen bestreiten. Auf der anderen Seite findet man die Menschen, die sich schon lange **verantwortungsvoll** mit dem Thema Borax beschäftigen.

Erschwerend kommt hinzu, dass z. B. es in Deutschland seit 2009 verboten ist, dieses Mittel an private Nutzer zu verkaufen. Die chemische Industrie (rein im technischen Bereich), darf es jedoch nach wie vor einsetzen. Auch innerhalb der EU ist die Verwendung von Borax noch recht unterschiedlich geregelt. Es gibt zwar das Verbot, aber der Bezug und Kauf ist dennoch möglich. Dazu später weitere Informationen. In den USA, wo es in Kalifornien eines der weltweiten größten Vorkommen gibt, ist Borax ebenso verboten wie in Australien und vielen weiteren Ländern. Vielfach kann man lesen, dass die Pharmaindustrie einen sehr großen An und Vorteil an diesen Verboten hat.

Borax stellt eine Gefahr für die teuren Medikamente der Pharmariesen dar. Somit liegt die Vermutung nahe, dass die Pharmariesen im Hintergrund über lange Zeit an einer medizinischen Verbannung des Mittels gearbeitet haben. Denn das Verbot, Borax an den privaten Nutzer zu verkaufen, schließt auch Medikamente auf Borax Basis ein. Diese müssten um ein Vielfaches günstiger verkauft werden, als andere Medikamente.

Die Fragestellung enthält das Wort „Wundermittel".

Taucht man etwas tiefer in diese Fragestellung ein: „Ist Borax ein Wundermittel?", so taucht auch der Begriff Pseudomedizin (Psiram) immer wieder auf. Natürlich gibt es auch hier zahlreiche Erklärungen was der Begriff bedeutet. Pseudomedizin war früher der Oberbegriff für „Quacksalber Medizin", ist aber heutzutage mehr eine abwertende Bezeichnung für den Begriff „Alternative Medizin oder Komplementäre Medizin". Ob man den Begriff Pseudomedizin jetzt abwertend oder befürwortend verwendet sei dahingestellt. Wichtig ist zu wissen, dass in der Pseudomedizin viele Methoden und Wirkstoffe pflanzlicher Herkunft sowie Mineralien eingesetzt werden. Wenn also der Heilpraktiker des Vertrauens einem pflanzliche oder mineralische Hilfsmittel ans Herz legt, um den körperlichen Zustand zu verbessern, würde das streng genommen schon unter den Begriff Pseudomedizin fallen. Eine verantwortungsvolle Auseinandersetzung mit diesem Thema ist auf jeden Fall angeraten. Die Verwendung von Borax ist auch so etwas wie eine Gratwanderung. Dadurch dass es so gut wie keine wissenschaftlichen Forschungen zum Einsatz von Borax/Bor gibt, ist es sehr schwer zu sagen, ob eine „xy" Dosierung in Ordnung ist (kann sie helfen oder ist es schon zu viel). Aber es gibt mittlerweile schon so etwas wie eine „Richtschnur" über Dosierungen, die gut und hilfreich sind. Dazu später noch mehr.

Bor ist ein Mineral, das man vielleicht noch nie in Betracht gezogen hat, um Karies auf natürliche Weise zu verhindern. Die Verbindung zwischen der Ernährung und der damit verbundenen Nährstoffaufnahme sowie die Gesundheit von Knochen, Gelenken und auch Zähnen ist allzu gravierend. Wer will nicht sein ganzes Leben lang gesunde Knochen und Gelenke? Wie sieht es mit einer besseren Nährstoffaufnahme und einem verbesserten Hormonhaushalt aus? Das klingt gut zu gut, oder? All dies und noch mehr sind Vorteile von mineralischem Bor.

Obwohl es wenig Beachtung findet, ist das Mineral für den menschlichen Körper durch eine Vielzahl von unterstützenden Funktionen unerlässlich. Es reduziert unter anderem Entzündungen und auch die negative Wirkung oxidativen Stress. Besonders den Säure-Base-Haushalt kann Borax durch seine alkalische Wirkung regulieren.

Dass die Sexualhormone eng mit der bakteriell bedingten Krankheit Gingivitis verbunden sind, wissen wahrscheinlich die wenigsten. Diese Hormone können das Gleichgewicht Ihres oralen Mikrobioms verändern und Ihr Immunsystem beeinflussen. Tatsächlich ist es ein Grund, warum Frauen mehr über Zahnfleischbluten während der Schwangerschaft besorgt sein sollten. Ihr Körper benötigt Bor, um ein gutes Gleichgewicht von Sexualhormonen, Östrogen und Testosteron zu schaffen und zu erhalten.

Ein weiterer wichtiger Vorteil von Bor ist, das es dem Körper hilft, Magnesium besser aufzunehmen. Magnesium ist ein wichtiger Mineralstoff für viele Funktionen im Körper. Zum Beispiel ist es der Gegenspieler von Calcium und entspannt die Muskeln. Außerdem trägt es zur Funktion der Muskeln und dem Erhalt gesunder Knochen bei. Bor beeinflusst auch, wie gut der menschliche Körper Kalzium und Phosphor aufnehmen und verarbeiten kann.

Von allen Funktionen, die Bor im Organismus hat, ist die wohl bekannteste die Instandhaltung von Gelenken und Knochen. Bor aktiviert die Mineralisierungsaktivität der so genannten Osteoblasten. Diese sind Zellen, die für die Bildung von Knochengewebe beim Knochenumbau verantwortlich sind. Bor ist hervorragend geeignet, um die Wundheilung zu beschleunigen und zu verbessern. Eine 1990er Studie, die heute noch vielfach zitiert wird, ergab, dass eine 3-prozentige Borsäurebehandlung bei tiefen Wunden die gesamte Heilungszeit um zwei Drittel verkürzt hat. Ähnlich wie es die Osteoblasten in den Knochen aktiviert, regt es auch Fibroblasten der Haut und des Gewebes an.

Das Mineral Bor hilft, Zähne und Zahnfleisch gesund zu halten, indem es Entzündungen reduziert und die Reparatur sowie die Remineralisierung von Zähnen, Knochen und Gewebe verbessert. Eine gesunde Dosis Bor hilft außerdem dabei, Zahnfleischerkrankungen auf natürliche Weise vorzubeugen.

Bor und Vitamin D-Mangel

Zunächst einmal sollte man wissen, dass Vitamin D für die allgemeine Gesundheit und Stimmung unerlässlich ist. Die Art und Weise, wie Bor Vitamin D verhindert, ist faszinierend. Es erhöht tatsächlich die biologische Halbwertszeit von Vitamin D im Körper. Das bedeutet, dass es die Zeitspanne verlängert, in der Vitamin D in nützlicher Form vorhanden ist.

Entzündungsmarker reduzieren

Bor ist überaus wirksam bei der Reduzierung bestimmter Entzündungsmarker, die Zytokine genannt werden - insbesondere hs-CRP und TNF-α. Diese beiden Zytokine stehen eng in Verbindung mit Brustkrebs, Fettleibigkeit, Insulinresistenz, Lungenkrebs, Herzkrankheiten, Depressionen und weiteren Krankheiten. Es ist bereits bestätigt, dass Bor wegen seiner Rolle bei der Reduzierung von Entzündungen und der Aktivierung von heilenden Zellen von Knochen und Gelenken, gilt Bor als eine effektive natürliche Behandlung von Osteoarthritis.

<u>Der industrielle Einsatz und das Wundermittel im Haushalt</u>

In der Industrie darf Borax seit 2010 EU-weit nicht mehr in Reinigungsmitteln (Insekten Schutz, Reinigungsmitteln, …) verwendet werden. Dabei galt es als sehr umweltfreundlich und bestens geeignet um Schmutz zu entfernen. Und ja, auch hier wurde EU-weit der Einsatz des natürlichen Minerals verboten. Wenn man ein wenig recherchiert, findet man aber schnell heraus, wie gut sich Borax/Bor für die Reinigung und Desinfektion im Haushaltsbereich eignet. Man kann ohne den Einsatz von „chemischen Keulen" vieles besser und nachhaltiger reinigen und desinfizieren, wenn man dieses verbotene Mittel einsetzt. Vorausgesetzt, man findet eine Quelle, bei der man Borax beziehen kann.

1) <u>Schutz vor Insekten</u>
   Wanzen Ameisen Kakerlaken und andere Insekten, kann man leicht mit dem folgenden Rezept bekämpfen:
   - 250 ml Wasser
   - 2 Esslöffel Zucker
   - 2 Esslöffel Borax

   In einer kleinen Schüssel gut vermischen und dann dort ausstreuen/verteilen, wo im Garten, auf der

Terrasse etc. eine größere Ansammlung der lästigen Insekten ist

2) <u>Vernichtung von Unkraut</u>
Gerade ab Frühjahr, wenn man wieder mit der Gartenarbeit beginnt, findet man in Garten und Beeten sehr viel Unkraut.
- ➢ 10l kaltes Wasser in einem großen Eimer
- ➢ 350 g Borax in 200 ml lauwarmen Wasser aufgelöst

Das aufgelöste Borax gut mit dem Wasser im Eimer vermischen und dann – so wie notwendig – NUR auf das zu bekämpfende Unkraut verteilen. Bitte nicht zu nahe an die Pflanzen, Blumen und Sträucher.

3) <u>„All in One" Reiniger für den Haushalt</u>
Geeignet für die Desinfektion von Wänden, Böden, Badewannen, Toiletten und in vielen anderen Bereichen des Haushalts.
- ➢ 2 l lauwarmes Wasser
- ➢ 2 Esslöffel Borax

Nachdem beide Zutaten gut gemischt sind, kann man sie z. B. in eine Sprühflasche geben. Die zu reinigenden/desinfizierenden Bereiche einsprühen, mit einem Schwammtuch alles gut abwischen/reinigen und danach abspülen und mit einem sauberen Lappen trockenwischen.

4) <u>Backbleche, Pfannen, Töpfe, …</u>

Jeder kennt es: obwohl man Backbleche, Pfannen, Töpfe, regelmäßig spült, gibt es nach einiger Zeit eventuell Schmutz wie eingebranntes Fett, den man nicht einfach mit Spülen entfernen kann.

- ➢ ½ Esslöffel Borax
- ➢ Ca. 40 – 50 ml Spülmittel

Beides gut miteinander vermischen und dann mit einem Spülschwamm auf die zu reinigenden Küchenutensilien auftragen, reinigen und abspülen.

5) <u>Reinigung von Spül- und Waschbecken</u>

Egal ob Porzellan, rostfreier Stahl, … diese Mischung reinigt hervorragend:

- ➢ 1/8 Tasse Zitronensaft
- ➢ ½ Tasse Borax

Nachdem beides gut gemischt ist mit einer Bürste und/oder Schwamm die jeweiligen Becken reinigen. Am besten 2 – 3 Minuten einwirken lassen, dann abspülen und trocknen.

6) <u>WC-Reiniger</u>

Es kann in den besten Haushalten passieren, dass die Toilette nicht mehr fabrikneu ausschaut. Oder man zieht in eine neue Wohnung und die Toilette muss erst mal gründlichst gereinigt werden. Die folgende

Mischung entfernt sogar länger angesammelte Rückstände und Schmutz:

➢ Knapp 2 l lauwarmes Wasser
➢ ½ Tasse Borax

Beides in einer Schüssel gut miteinander vermischen. Die WC-Bürste eintauchen und dann überall im WC verteilen.

10-15 Minuten einwirken lassen und danach wie gewohnt spülen.

Auch stark verschmutze Duschtassen, Badewannen, Badfliesen und Bodenfliesen können mit dieser Mischung gereinigt werden.

Das sind nur einige Möglichkeiten, wie Borax in Haushalt und Garten eingesetzt werden kann.

<u>Empfehlung:</u>
Borax ist zwar nicht giftig, aber eine Verwendung in höheren Konzentrationen (wie bei einigen Reinigungsmitteln) könnte allergische Reaktionen an den Händen hervorrufen. Da es hier auch keine genauen Untersuchungen gibt, zieht man am besten einfach ein paar Latex- oder Haushaltshandschuhe an und man ist geschützt.

Industriell wird Borax heute in den folgenden Bereichen
eingesetzt:

> Herstellung von Emaille und Glasuren
> Desinfektionsmittel (Abtöten von Bakterien &
> Erregern)
> Reinigungsmittel
> Wasserenthärter
> Anti-Schimmel-Mittel
> Insektizid
> Unkrautvernichter
> Bleichmittel
> Holzschutzmittel

All das lässt erkennen:

Borax ist in so vielen Bereichen des Lebens vorhanden, ohne
dass man es überhaupt weiß oder darüber informiert ist.
Darüber hinaus gibt es außerdem noch den Bereich
Homöopathie und Heilung

Die kontroversen Diskussionen über den Einsatz von Borax als Heilmittel sind schon angeschnitten worden. Ein verantwortungsvoller Umgang mit diesem Mineral als Heilmittel ist sehr wichtig. Überdosierungen sind zu vermeiden. Vor einer selbstständigen Dosierung und Einnahme von Borax, sollte man sich auf jeden Fall Rat von einem Arzt, Apotheker, Heilpraktiker etc. holen. Klinische Studien und Forschungen über die Wirksamkeit von Borax als Heilmittel oder Medikament sind praktisch nicht existent. Laut der WHO ist Borax kaum gefährlich und die EPA (USA) listet es auch nicht als giftig (toxisch). Fakt ist jedoch: Borax ist weniger giftig als unser Speisesalz, dass wir jeden Tag zu uns nehmen und trotzdem wurde es verboten! Bereits 0,5 – 1 g Kochsalz/Kg Körpergewicht/Tag kann zum Tod führen! Vergleichbar sind das 10 Esslöffel Salz/Tag für einen Erwachsenen!

Für Borax gibt es keine wissenschaftlichen Forschungsergebnisse, nur ist die Toxizität nachgewiesenermaßen um ein Vielfaches geringer als die von Kochsalz. Auf den ersten Blick scheint es schockierend, dass Borax - bekannter Bestandteil von Waschmitteln und ein wirksames Insektizid - in der Behandlung eingesetzt werden kann. Dies wurde jedoch schon durch zahlreiche Experimente von renommierten Experten bestätigt. Hier stellt sich die Fragen, warum wir das nicht wissen? Die Antwort liegt auf der Hand – dieses Wissen über Borax liegt nicht im Interesse der Pharmaindustrie. Aus diesem Grund wurde Borax als gefährliches Gift eingestuft.

Das Spurenelement Bor ist für wichtige Funktionen im menschlichen Organismus wichtig:

- Gelenkerhaltung
- Knochengesundheit
- Zahnschutz
- Osteoporose
- Bekämpfung von Pilzen und Bakterien im Körper
- Immunsystem unterstützen
- Gehirnfunktionen unterstützen

Nimmt man über die Nahrung und das Wasser nicht genug Bor zu sich, kann dies dazu führen, dass man einen Bormangel hat. Dieser Mangel wiederum führt dazu, dass die Nebenschilddrüse hyperaktiv wird und vermehrt Hormone produziert und ausschüttet. Der Kalziumspiegel im Blut steigt an, weil durch die Hormone das Kalzium aus den Knochen/Gelenken freigesetzt wird. Dies führt zu arthritischen Beschwerden, der Verkalkung von Weichteilgewebe, die sich in Form von steifen Gelenken und Muskelverspannungen äußert

Medizinern und Naturheilkundler, die selbst an Arthrose erkrankt waren, haben bereits in den 60er Jahren begonnen, eine geringe Tagesdosis Borax (30 mg/Tag) einzunehmen. Schon wenige Wochen später waren Schwellungen, Schmerzen, weitere begleitende Symptome gelindert, zum Teil sogar verschwunden. Es gibt einen direkten Zusammenhang zwischen dem Borgehalt in Böden/Trinkwasser und Arthrose. In Ländern, wo die Grundversorgung an Bor sehr gering ist, gibt es eine wesentlich höhere Anzahl an Arthrose Erkrankungen, als in Gebieten, wo Böden und Trinkwasser einen hohen Borgehalt aufweisen. Die untersuchte Gelenkschmiere (versorgt den Gelenkknorpel) in erkrankten Gelenken, sowie die Knochen im Bereich dieser Gelenke, weisen fast nur die

Hälfte des Borgehaltes einer gesunden Person auf. Durch die verantwortungsvolle Einnahme von Bor/Borax als Nahrungsergänzungsmittel, werden die

> ➤ Knochen stärker
> ➤ Knochenbrüche heilen wesentlich schneller
> ➤ Hüftfrakturen sind weniger schmerzhaft und heilen auch schneller

Ein Bormangel führt dazu, dass Magnesium und Kalzium verstärkt über den Urin ausgeschieden werden. Das Kalzium, welches ausgeschieden wird, stammt aus Knochen und Zähnen. Somit hat ein Bormangel einen großen Einfluss auf die Entstehung von Zahnschäden und Osteoporose. Vor allem Frauen erkranken während und nach den Wechseljahren an Osteoporose. Dies hat mit einem sehr niedrigen Östrogenspiegel zu tun. Durch eine regelmäßige Einnahme von Bor/Borax kann dieser Östrogenspiegel erhöht werden (Forschungen haben eine Verdopplung der Östrogen Werte ergeben). Der Sexualhormonspiegel wird normalisiert und die Knochen werden wieder härter.

Die Diagnose Krebs und die damit verbundenen Prognosen sind für viele Menschen beängstigend. Nicht jeder Krebs kann operativ entfernt werden. Chemotherapie und Bestrahlungen sind schulmedizinische Behandlungen, die dem Körper unendlich viel abverlangen und in den meisten Fällen auf lange Sicht mehr Schaden als Nutzen bringen Die Suche nach alternativen Möglichkeiten bei der Behandlung von Krebs ist für viele Erkrankte wichtig, weil dies auch das Gefühl vermittelt, aktiv etwas tun zu können. Bor hat einen großen Einfluss auf die Zellmembranen. Vereinfacht erklärt: Krebszellen zerstören Zellmembranen. Dadurch können Krebszellen in immer mehr Zellen eindringen und der Krebs breitet sich aus. Bor/Borax hilft diesem Verfall der Zellmembranen entgegenzuwirken, da eine ausreichende Versorgung mit Bor dazu beiträgt, das Zellwände und Zellmembranen gestärkt werden. Bor/Borax kann den Krebs nicht besiegen, aber dazu beitragen, dass die Zellen im Körper stärker sind und somit das Tumorwachstum eventuell reduziert wird (tumorhemmende Eigenschaften). Achtet man auf eine ausreichende Versorgung mit Borax/Bor, so stärkt auch der gesunde Mensch schon seine Zellen!

Ist man an Arthritis erkannt:

> hat man Gelenkschmerzen
> sind Gelenke geschwollen
> fühlt man sich allgemein krank
>> o Nachtschweiß
>> o Fieber
>> o Müdigkeit
>> o Erschöpfung
>> o Gewichtsabnahme

Besonders die Gelenkschmerzen und -schwellungen sind belastend. Eine Behandlung mit Bor/Borax kann erwiesenermaßen eine Linderung innerhalb von 3 Wochen bewirken. Sind diese akuten Schmerzen gelindert, kann eine kontinuierliche Einnahme einer geringeren Menge täglich als „Erhaltungsdosis" dabei helfen, einem schmerzhaften arthritischen Schub vorzubeugen.

Candida ist ein Hefepilz, den man jeden Tag mit der Nahrung aufnimmt und auch wieder ausscheidet. Aber trotzdem kann es hin wieder zu einem erhöhten Wachstum von Candida kommen. Gerade bei der Einnahme von Antibiotika kommt dies nicht selten vor, da das Antibiotika, wie der Name schon sagt, alle schlechten Bakterien sowie leider auch sämtliche gute Bakterien im Darm und Körper abtötet. Ein schwaches Immunsystem, verschiedene Unverträglichkeiten, Psychologischer Stress usw. können dazu führen, dass eine erhöhte Candida Erkrankung auftritt Meist befällt diese die Schleimhäute im Mund, Rachen, Darm und auch im Genitalbereich. Bei einer Behandlung von Candida mit Bor/Borax sollte man wissen, dass es zu einer „Herxheimer Reaktion" kommen kann. Dies bedeutet, dass die vorhandenen Symptome in den ersten Tagen der Einnahme noch schlimmer werden können. Es ist eine Reaktion des Körpers auf die Botenstoffe und Gifte der bekämpften und zerstörten Pilze und Bakterien.

Wichtig ist: man darf nicht aufgeben - die Wirkung und Heilung wird einsetzen. Borax ist ein natürliches und starkes Fungizid.

Die Zirbeldrüse ist nur so groß wie ein Reiskorn und liegt in der Mitte des Gehirns auf der Höhe der Augen. Sie wird auch als „Hauptsitz der Seele" bezeichnet. Denn sie ist verantwortlich für den Hormonspiegel, die Stressresistenz und Leistungsfähigkeit, die Dauer und Qualität des Schlafes, das Denken und die Gefühle. Die Zirbeldrüse produziert am Tag und vor allem bei Sonnenschein das Serotonin, muss am Abend aber auf Melatonin Produktion umschalten, sodass man einen guten Schlaf haben kann.

Leider kommt es in unserer modernen Zeit öfters vor, dass die Zirbeldrüse regelrecht verkalkt und Phosporkristalle bildet. Dadurch verhärtet die Zirbeldrüse und es wird sehr viel weniger Melatonin produziert. Dies ist auch der Grund, warum immer mehr Menschen in den letzten Jahrzehnten an Schlafstörungen leiden. Auch Fluoride, Chlor und Brom können sich in einer verhärteten Zirbeldrüse viel schneller ansammeln. Es ist also wichtig, die angesammelten Fluoride in der Zirbeldrüse zu beseitigen.

Neben der Vermeidung von z. B. fluorhaltiger Zahnpasta, kann man mithilfe von Borax zur besseren Funktionstüchtigkeit der Zirbeldrüse beitragen:

> ➢ 1 Teelöffel Borax
> ➢ 1 L Wasser
> ➢ Beides gut vermischen und in 1 oder 2 Tagen trinken

Es wird vielfach berichtet, dass schon nach kürzester Zeit wieder durchgeschlafen werden kann. Sogar richtige Tiefschlafphasen, in denen sich der Körper am besten erholt, treten wieder ein. Für viele Menschen, die vielleicht jahrelang nur mit Schlaftabletten schlafen konnten ist das geradezu ein Wunder.

Forschungen der letzten Jahre lassen immer wieder die Alarmglocken klingeln: der menschliche Körper ist immer mehr mit giftigen Metallen konfrontiert, die oft auch gar nicht zu vermeiden sind. Schwermetalle wie Aluminium, Cadmium, Blei, Quecksilber, Nickel und mehr schädigen unseren Stoffwechsel. Sie sammeln sich in Herz und Nieren, im Gehirn und in Nerven, in Knochen und Gelenken an. Sie nehmen den Platz ein, der eigentlich von lebensnotwendigen Mineralen belegt sein sollte und belasten somit unnötig Darm, Nieren und Leber.

Da man diesen Schwermetallen nicht ausweichen kann, gibt es aber die Möglichkeit den eigenen Körper bei der Entgiftung zu unterstützen. Eine wirkungsvolle Entgiftung des Körpers ist ein Zusammenspiel von Nebenschilddrüse und Zirbeldrüse.

Bor ist für die Nebenschilddrüse genauso wichtig wie Jod. Doch keiner spricht wirklich darüber. Es ist immer nur die Rede von Jod, wenn es um die Schilddrüse geht. Bor regelt in der Nebenschilddrüse den Stoffwechsel von Phosphor, Magnesium und Kalzium. Leidet man unter einem Bormangel, wird die Nebenschilddrüse geradezu hyperaktiv und gibt zu viel ihres Hormons in den Körper ab. Dies bewirkt, dass Kalzium aus Knochen und Zähnen entzogen wird. Und schon ist der Kalziumspiegel im Blut erhöht und

Zahnschäden, Osteoporose, Arthrose und Arthritis Erkrankungen entstehen. Je älter man wird, umso größer ist dann auch die Gefahr von Gelenksteifheit, einer Verkalkung des Weichteilgewebes und Muskelverspannungen. Aber diese Verkalkung schleicht sich auch in die Arterien, Nieren, Hormondrüsen (ganz besonders die Zirbeldrüse) und die Eierstöcke. Kommt zu dem Bormangel noch ein Magnesiummangel hinzu, dann werden auch Knochen und Zähne nachhaltig geschädigt. Für eine Entgiftung des Körpers ist es also wichtig, den Körper mit ausreichend Bor zu versorgen. Wirkt man dem Bormangel entgegen so passiert im Körper wieder eine ganze Menge:

- Der Testosteronspiegel erhöht sich bei Männern
- Der Östrogenspiegel erhöht sich bei Frauen
- Vitamin D wird wieder besser umgewandelt
- Kalzium wird wieder in Knochen und Zähnen gespeichert (nicht mehr im Weichteilgewebe)
- Herzprobleme werden geringer
- Sehkraft wird unterstützt
- Kognitive Leistung des Gehirns wird verbessert
- Der Gleichgewichtssinn wird gestärkt
- Schuppenflechte wird besser

Ist Borax sicher für Ihre Haut?

Borax, kombiniert mit Wachs, wird in vielen kosmetischen Produkten wie Cremes, Gelen und Lotionen verwendet. Es wird in Handseifen verwendet, um das Öl oder Fett von den Händen abzuwaschen. Die alkalische Natur von Borax macht es zu einem perfekten Bestandteil in Reinigungsprodukten. Aber die gleiche Eigenschaft kann zu Hautreizungen und Ausschlägen führen. Borax-Seifen beseitigen Hautbakterien, entfernen abgestorbene Hautzellen und überschüssiges Öl. Da Borax auch Bestandteil vieler Waschmittel, Düngemittel und anderer chemischer Produkte ist, sind viele skeptisch gegenüber dem Einsatz auf der Haut.

Da es schwierig ist, den Grenzwert festzulegen, ist es am besten, Unmengen an Borax auf der Haut zu vermeiden. Dies gilt insbesondere für Menschen mit empfindlicher Haut, da sie anfälliger für Hautinfektionen sind. Es sollte darauf geachtet, dass die Haut nach jedem Gebrauch gründlich gespült wird.

Heilt Schwellungen

Borax ist ein Mittel, das als äußerliche Behandlung bei bestimmten gesundheitlichen Problemen wie Wunden an der Zunge oder im Mund sowie bei Halsschwellungen eingesetzt werden kann. Es kann dazu führen, dass sich Giftstoffe aus dem betroffenen Bereich lösen und die Schwellung verringert wird. Borax lindert auch Schmerzen im Zusammenhang mit der Schwellung oder den Wunden. Das Mittel beinhaltet die Anwendung einer Paste, die durch die Kombination von Borax mit Cinnabaris, Borneolum und Natriumsulfat (Glaubersalz) hergestellt wird.

Hilft bei geröteten Augen

Borax wird mit Calamina, Borneolum und Natriumsulfat kombiniert, um Augentropfen zu erzeugen. Diese werden verwendet, um das Auge zu beruhigen, wenn es rot und geschwollen ist. Bor schützt das Auge vor einer Vielzahl von parasitären Angriffen und anderen Pilzinfektionen. Bei einem so empfindlichen Organ wie dem Auge und der Bedeutung der richtigen Mischung dieser Inhaltsstoffe ist es selbstverständlich, dass diese Behandlung nur mit professioneller Hilfe durchgeführt werden sollte.

Heilt Harnwegsinfektionen

Borax hat eine antimikrobielle Wirkung, die genutzt werden kann, um Harnwegsinfektionen zu heilen. Die chinesische Kräutermedizin wendet das Mineral bei der Behandlung von Harnstörungen an.

Heilt Gebärmutterentzündung

Frauen, die an Gebärmutterentzündungen leiden, wird empfohlen, zweimal täglich in lauwarmem Wasser mit Borax zu baden. Wenn die Vagina einen üppigen, eiklarartigen Ausfluss zeigt, dass sollen die betroffenen Frauen diese drei- bis viermal täglich mit Borax und lauwarmem Wasser spülen

Verbesserte Östrogenproduktion

Bor hilft, den Östrogenspiegel zu verbessern, besonders bei Frauen, die einen Mangel an reproduktiven Hormonen haben. Die Beobachtung bestätigt, dass Bor den Östrogenspiegel nur wenige Tage später wieder auf den Normalwert bringen kann.

Gesunde Knochendichte

Der Bedarf an Kalzium und Magnesium zur Stärkung der Knochen wird immer betont, aber die Beiden benötigen Bor, um die Knochen stärken zu können. Es ist sehr nützlich für den Stoffwechsel von Mineralien wie Zink, Magnesium und Kupfer sowie Kalzium. Es stabilisiert auch verschiedene Hormone, um die allgemeine Gesundheit der Knochen auf einem guten Niveau zu halten. Diese Eigenschaft macht es zur besten Behandlung für Menschen mit Problemen wie Arthritis und Osteoporose.

Funktion der Zellmembran

Bor hilft, Hormonrezeptoren in der Zellmembran zu stabilisieren, was dazu beiträgt, dass die Zellen richtig funktionieren.

Prävention der Blutgerinnung

Bor wird nachgesagt, die Wahrscheinlichkeit der Bildung von Gerinnseln in Blutgefäßen zu verringern, die äußerst gefährlich sind, da sie den Blutfluss behindern können und in einigen Fällen für Gefäßeruptionen verantwortlich sind.

Verbesserung der kognitiven Fähigkeiten

Bor ist für die neuronalen Funktionen im Körper unerlässlich, denn es hält die Nerven in einer gesunden Form und hilft, eine Botschaft vom Gehirn an den Rest des Körpers weiterzugeben. Es verbessert auch die Koordination zwischen verschiedenen Körperteilen und kann die Konzentration deutlich erhöhen.

Prävention von Herzinsuffizienz

Bor fördert den Blutfluss durch die Venen. Es reduziert auch die Wahrscheinlichkeit einer Verstopfung der Venen, was die Regulierung des Herz-Kreislauf-Systems unterstützt.

Über die Wirkung von Bor/Borax auf Hefepilze im menschlichen Körper wurde bisher noch wenig berichtet. Einzig und allein die Aussage „Borax ist ein wirksames Fungizid" ist zu finden. Eine regelmäßige Einnahme kann dazu beitragen, dass entzündliche Hautkrankheiten wie Schuppenflechte reduziert werden und das Leben der Erkrankten wieder erträglicher wird.

Auch an Fußpilz erkrankte Menschen können einen sehr großen Erfolg bei der Heilung vorweisen (nasse Füße mit Borax eingerieben beseitigt sehr schnell den Juckreiz und bei regelmäßiger Anwendung verschwindet der Fußpilz zur Gänze). Vaginale Pilzinfektionen sind für die betroffenen Frauen oftmals eine Qual. Gerade Candida Infektionen können oftmals auch Medikament resistent sein.

Hier hilft Borax. Da es sehr alkalisch ist, wirkt es auch viel effektiver als Borsäure. Die betroffenen Frauen können täglich eine mit Borax gefüllte Gelkapsel zur Schlafenszeit vaginal einführen und in einem Zeitraum von ca. 2 Wochen ist die vaginale Pilzinfektion nachhaltig geheilt. Und das auf natürliche Weise! Hierbei ist zu beachten, dass jede Infektion unterschiedlich sein und jeder Körper anders reagieren kann.

Wie bereits erwähnt, wurde Borax früher zur Konservierung von Lebensmittel eingesetzt. In manchen Ländern, vor allem in südlichen, wird es immer noch eingesetzt. Was hat dieser Einsatz aber jetzt mit dem Einsatz gegen Pilze zu tun? Es gibt verschiedene Lebensmittel, die mit Schimmelpilzgiften belastet sind. Diese sogenannten „fungalen Aflatoxine" können schwere Schäden an der DNS hervorrufen und sie gelten als die stärksten Krebserreger, vor allem in Leber und Lunge. Eine Behandlung/Konservierung dieser Lebensmittel mit Borax stärkt demnach die DNS gegen solche Aflatoxine.

Nachdem man nun eine ganze Menge über die vielen Vorteile, Heilmöglichkeiten und positiven Effekte von Borax gelesen hat, stellt sich die Frage: Wie viel braucht mein Körper von diesem wertvollen Mineral? Leider wird von der DGE (Deutsche Gesellschaft für Ernährung) kein Referenzwert angegeben. Mit der Nahrung und dem Trinkwasser nehmen wir pro Tag lediglich 1-3 mg Bor zu uns.

Dies ist abhängig von der Region, Bodenbeschaffenheit, dem Trinkwasser und den Nahrungsmitteln, die wir zu uns nehmen. Allgemein wird davon ausgegangen, dass die Standarddosis bei 25-30 mg Borax liegen sollte, was einem Wert vom ca. 3 mg Bor entspricht. Am besten nimmt man diese Standarddosis mit einer Mahlzeit zu sich. Angeraten ist es, dass man seinen Körper ganz genau beobachtet.

Ist die Einnahme der Standarddosis für den Körper in Ordnung, dann kann man beruhigt zu einer weiteren Mahlzeit noch einmal eine Standarddosis zu sich nehmen. Die erste Dosis ist dann zur Deckung des Borbedarfes gedacht. Die zweite Dosis kann man als Erhaltungsdosis bezeichnen. Gerade für Menschen mit bereits vorliegenden gesundheitlichen Problemen (wie oben beschrieben), ist diese Erhaltungsdosis bestens geeignet. Liegen eine oder mehrere der oben genannten Erkrankungen bereits vor, ist es auch möglich die Standarddosis 3 – 4 Mal über den Tag verteilt zu sich zu nehmen.

Wenn man dann nach einigen Wochen oder Monaten feststellt, dass sich die Symptome verbessert haben und man sich wieder besser fühlt, so kann die Dosierung wieder ein 1 – 2 Standarddosen/Tag zurückgefahren werden. Bestehen Bedenken wegen einer solchen Dosierung, fühlt man sich unsicher, so ist es immer angeraten sich den Rat und die Empfehlung von Fachleuten (Ärzten, Apothekern, Homöopathen, Heilpraktikern, etc.) einzuholen.

Die Stammlösung

Hierzu wird 1 EL Borax in 1 Liter Wasser aufgelöst. Aus dieser Stammlösung entnimmst du 3x täglich 1 EL Wasser und vermischst die Menge in einem Glas mit gereinigtem Wasser

Die direkte Einnahme

Es gibt Dosierlöffel, mit denen du 0,1ml aus deinem Borax-Vorrat entnehmen kannst. Gebe dadurch das Borax direkt ins Wasser oder an das Essen geben und so zu dir nehmen.

Nur gereinigtes Wasser benutzen! Kein Leitungswasser verwenden und nicht im Zusammenspiel mit starken Medikamenten, da es sonst zu Wechselwirkungen kommen kann!

Prof. Henri Huchard (1844-1910) sagte einmal:

„Wasser arbeitet im Körper durch das, was es mitnimmt, und nicht durch das, was es mitbringt.“

Prof.Dr. Ingo Froboese von der Deutschen Sporthochschule in Köln ist folgender Meinung:

„Wasser ist das wichtigste Lösungs- und Transportmittel. Wasser, das schon gesättigt ist, kann seine Aufgaben im Körper nicht verrichten.“

In Leitungswasser findet man:

- Viele Hormone
- Chemikalien durch Pflegeprodukten
- Chlor durch Reinigung der Klärwerke
- Medikamentenrückstände
- Parasiteneier

Zudem werden die Grenzwerte ständig erhöht, da die Klärwerke einen Großteil der schädlichen Stoffe nicht mehr richtig aus dem Wasser filtern können. Die Wasserleitungen bestehen meist aus Messingrohren, bei dem durch Wasser ein Bleianteil herausgelöst wird.

Vermeide unbedingt Leitungswasser und Wasser aus Plastikflaschen. Trinke am besten gereinigtes, gefiltertes, strukturiertes und energetisiertes Wasser. Wir empfehlen mindestens „Lauretana" Quellwasser in Glasflaschen oder eine Quellwasser-Tankstelle im eigenen Haus.

Wie das geht?

Weitere Informationen auf www.100-prozent-leben.de

Dadurch, dass Bor nicht als essenzielles Spurenelement eingestuft wird, sprechen Ärzte und andere Fachleute auch nie von einem Bormangel. Dies, obwohl eine borarme Ernährung erhebliche Auswirkungen auf den Vitamin D Spiegel hat – er ist erheblich gesenkt. Wird bei einer Blutuntersuchung also ein niedriger Vitamin D Wert festgestellt, so kann man von einem Bor Mangel ausgehen!

Damit gehen Beschwerden einher, die man selbst an sich beobachten kann. Z. B.:

- ➢ Leistungsminderung (Herz, Organe, Immunsystem)
- ➢ Entzündungen im Darm
- ➢ Hormonstörungen
- ➢ Ekzeme, Akne, Allergien

Wenn der Arzt bei der Besprechung der Blutergebnisse erwähnt: der Vitamin D Spiegel ist etwas niedrig, kann man nach den genauen Werten fragen.

Hier die Normwerte:

< 20 ng/ml   Vitamin-D-Mangel

20-35 ng/ml   Unterversorgung

35-60 ng/ml   gute Normalwerte

60-90 ng/ml   gute hohe Werte

Recherchiert man ein wenig über die Auswirkungen von Vitamin-D-Mangel, so fällt auf, dass viele der erwähnten Symptome, möglichen Erkrankungen und das Zusammenspiel von Stoffwechselprozessen im Körper in gleicher Form bei einem Bormangel auftreten. Nur wird an keiner Stelle ein Zusammenhang zwischen einem Vitamin-D-Mangel und einem Bormangel hergestellt.

In Bezug auf Nebenwirkungen muss man zwischen Pharmazeutischen Medikamenten und Naturmedikamenten unterscheiden. Ein vom Arzt verordnetes Medikament hat eine lange Liste von Nebenwirkungen, die unerwünscht sind, bei Auftreten aber sehr gefährliche Folgen haben können. Bei Naturmedikamenten sieht dies etwas anders aus. Jeder der sich mit Naturmedikamenten beschäftigt, weiß, dass die Verbesserung/Heilung unterschiedlich verläuft. Oft kommt es erst einmal zu einer Herxheimer-Reaktion, d.h. zu einer Erstverschlechterung.

Es handelt sich bei Naturmedikamenten auch um eine sogenannte Heilreaktion mit angestrebter Langzeitwirkung. So können je nach vorliegender Erkrankung und körperlichem Zustand die Heilungsprozesse schneller oder langsamer eintreten. Die Linderung bzw. Heilung langjähriger Erkrankungen dauert länger. Auch kommt es oftmals zu Schmerzen, Krämpfen oder Taubheitsgefühlen, wenn z. B. große Mengen an langjährig abgelagertem Kalzium und Fluorid z.B. über die Nieren ausgeschieden werden.

Bei dem Einsatz in einem akuten Fall von z.B. schmerzhaften Muskelkrämpfen kommt es schnell zu einer Entspannung und Erleichterung. Bei dem Einsatz in einem akuten Fall (schmerzhafte Muskelkrämpfe) kommt es schnell zu einer Entspannung/Erleichterung. Da Tafelsalz 50-100 % giftiger(toxischer) als Borax ist, kann auch die über einen gewissen Zeitraum erhöhte Einnahme als unbedenklich eingestuft werden.

<u>Vorsicht:</u> es wird von einer hohen oder überhöhten Borax Gabe an Kinder abgeraten, denn schon eine Menge von 5 bis 10 mg kann bei Kindern Durchfall und schweres Erbrechen auslösen.

Wenn man sich all die Vorteile von Borax anschaut, kann man sich die Angst der Pharmaindustrie und deren Lobbyarbeit, die zu einem weitreichenden Verbot von Borax geführt haben, besser vorstellen. In Deutschland ist ein Verkauf von diesem Wunder- und Heilmittel an Privatpersonen seit 2009 verboten.

Seit Mitte 2010 gibt eine Einstufung von Bor/Borax: Reproduktionstoxisch Kategorie 2! Diese Einstufung beruht auf einer Studie aus dem Jahr 1972! Demnach hat die EU das Mineral in großen Mengen als schädlich für die Fortpflanzung eingestuft. Verpackungen müssen ein Giftwarnsymbol tragen und dürfen bereits seit September 2010 nicht mehr im Handel innerhalb der EU verkauft werden.

Erwähnt werden muss aber: Diese Entscheidung beruht NICHT auf Erkenntnissen der Forschung am Menschen! Es gibt lediglich Versuche an Ratten. Diese aber auch mit unterschiedlichen Ergebnissen. Es wird vonseiten der Kommission aber davon ausgegangen: wenn Ratten bei einer erheblichen „Überdosierung" von Borax unfruchtbar werden können, dann wird dies mit ziemlicher Sicherheit auch auf den Menschen zutreffen!

Bei dieser Entscheidung geht es ausschließlich um den Einsatz von Borax in Insektiziden, Reinigungs- und Waschmitteln. Nicht um den Einsatz von Borax als Nahrungsergänzungsmittel oder in Lebensmitteln!

Fazit daraus:

Es gibt eine Unmenge an Chemikalien, medikamentösen Inhaltsstoffen, Toxinen, … mit denen man täglich in Berührung kommt und die man täglich zu sich nimmt, die um ein Vielfaches „giftiger/toxischer" als Bor/Borax sind! Obwohl es keine wissenschaftlichen Beweise gibt, wurde dieses wertvolle Wundermittel vom Markt genommen. Und dass nicht nur in Deutschland oder Europa, sondern mittlerweile weltweit.

Als Globuli ist Borax in der Apotheke erhältlich. Es wird empfohlen für Menschen mit Flugangst und Höhenangst, aber auch für Menschen die Probleme mit ihren Schleimhäuten haben. Recherchen haben ergeben, dass einige Apotheken auch flüssiges Borax anbieten. Auf den entsprechenden Internetseiten werden aber keine Angaben über die genaue Zusammensetzung gemacht.

Um Näheres zu erfahren, ist also der Gang in die Apotheke und das Gespräch mit dem Apotheker notwendig. Verschiedene Online Apotheken verkaufen Bor Kapseln oder Tabletten. Die Einzeldosis liegt hier in der Regel bei 3 mg Bor als Natriumborat. Sucht man nach Borax Pulver wird man auch fündig. Viele Anbieter im Internet geben neben dem Namen Borax auch noch die chemische Bezeichnung (Natriumtetraborat, Natriumborat) an.

Die meisten Anbieter weisen aber darauf hin, dass ein Verkauf an Privatpersonen nicht gestattet ist. Manche verlangen vor dem Kauf auch einen entsprechenden gewerblichen Nachweis. Die Reinheit dieser Pulver wird in der Regel mit 99,9 % angegeben. In der jeweiligen Produktbeschreibung wird nur auf den Einsatz als Reinigungsmittel, etc. verwiesen. So wie es scheint, kann man Borax in Pulverform ohne Gewerbenachweis nur über einige Länder beziehen, die außerhalb Europas liegen. Wie es dann jedoch mit der Qualität und Reinheit ausschaut, ist schwierig zu sagen. Auch über die Zollrechtliche Behandlung einer Lieferung Borax aus dem Ausland, findet man leider keinerlei Hinweise.

Hin und wieder findet sich Online ein Händler, der das Mineral in Pulverform zu „technischen" Zwecken anbietet. Auch diese Produkte werden mit 99,9 % Reinheit angegeben. Auf einen gewerblichen Nachweis wird hier verzichtet. Bei der Suche nach Borax tauchen auch hin wieder Produkte mit dem Namen Boron auf. Hierbei handelt es sich auch um Bor. Boron ist nur die englische Bezeichnung, die von einigen Herstellern verwendet wird, um eventuell dem negativ behafteten Namen Borax (durch die EU Verbote) auszuweichen.

Soll man sagen, das Beste kommt immer noch aus der Natur? Mit Sicherheit, denn dieses kontrovers diskutierte und oftmals verdammte Borax ist heutzutage ein herausragendes Wundermittel. Unsere Vorfahren hatten naturgegeben kein Risiko einen Bormangel mit sich herumzutragen. Die Versorgung mit Bor durch die Nahrung und das Trinkwasser war nämlich ausreichend.

Erst im Laufe der Zeit, durch die Ausbeutung und Verunreinigung der Böden, die Industrialisierung, die industrielle Herstellung und Verarbeitung von Lebensmitteln, veränderte Garmethoden usw. hat sich geradezu schleichend und unbemerkt das Risiko eines Bormangels bei jedem Einzelnen erhöht. Auch die vielen Krankheiten wie Arthrose, Arthritis, Verkalkungen, Stoffwechselstörungen, Krebs, die unsere Vorfahren noch gar nicht kannten, haben oftmals ihre Ursachen in einem Bormangel.

Es ist schade, dass die Pharmaindustrie es geschafft hat, Bor/Borax mit so einem schlechten Image zu belegen und es dadurch für Privatpersonen nicht mehr so einfach zugänglich ist. Beschäftigt man sich mit all den Vorteilen, die mit einer regelmäßigen Einnahme von Borax einhergehen, so wird dies noch unverständlicher. Zum Glück ist das Gesundheitsbewusstsein jedes Einzelnen heutzutage sensibilisiert. Durch das Internet hat man ein Medium zur Hand, dass einem eine eingehende Recherche erlaubt. Auch, wenn nicht immer alle Informationen einfach zu finden sind.

Fakt ist: Viele Krankheiten der heutigen Zeit wären vermeidbar, wenn die Schulmedizin sensibler und aufmerksamer mit dem Thema umgehen würde. Bei einer einfachen Blutuntersuchung zum Beispiel lässt sich ein Bormangel ganz einfach durch einen sehr niedrigen Vitamin D Spiegel im Blut feststellen und wenn man frühzeitig diesem Mangel entgegenwirkt, können viele Krankheiten eingedämmt und sogar vermieden werden.

Das Gute ist aber: die verantwortungsvolle Einnahme von Borax/Bor kann dabei helfen, die Symptome vieler der oben genannten Krankheiten zu lindern. Und dass auf eine natürliche Weise. Aber es geht um einen verantwortungsvollen Umgang mit Borax. Schulmediziner werden nicht sehr aufgeschlossen sein, wenn man direkt nach diesem Mineral fragt.

Ein kleiner Tipp: steht die nächste Blutuntersuchung an, kann man vorher darum bitten, den Vitamin D Spiegel mit folgenden Begründungen zu untersuchen: „Ich war wenig draußen, fühle mich müde". Das sollte für den Mediziner ein klares Zeichen eines Vitamin-D Mangels sein. Zeigt sich dann im Ergebnis ein solcher Mangel, wird der Arzt schnell ein

Vitamin D Präparat verschreiben und gar nicht erst auf die Idee kommen, dass es sich um einen Bormangel handelt. Eigenverantwortung ist ein wichtiger Aspekt, wenn man Bor/Borax einnehmen möchte.

Ganz egal ob in Pulverform zum Auflösen im Wasser, oder als Kapseln/Tabletten. Es gibt zwar keinerlei wissenschaftliche Forschungsberichte, die die Wirkung von Bor/Borax auf den menschlichen Körper beweisen, nur sind Erfahrungsberichte von Betroffenen, darunter auch Homöopathen, Naturheilkundler, die sich selbst behandelt haben, ein doch recht gutes Indiz für die Wirksamkeit. Deshalb ist auch das Verbot von Borax/Bor unter dem Deckmantel der Fortpflanzungsschädigung so unverständlich. Es gibt keinerlei Beweise dafür!

Möchte man Borax einen Platz in seinem Leben geben, so muss man durch eine ausgiebige Recherche erst einmal lernen, richtige und falsche Informationen voneinander zu trennen.

Borax ist kein Thema für Jedermann. Aber wenn man sich mit gesunder Ernährung befasst und nach Möglichkeiten sucht, seinem Körper Gutes zu tun, dann ist Borax ein Thema, dass eine neue Ebene der vollkommenen Gesundheit öffnet.

Zum Abschluss noch einmal die wichtigste Information zur Einnahme von Borax:

Nur gereinigtes Wasser benutzen! Kein Leitungswasser verwenden und nicht im Zusammenspiel mit starken Medikamenten, da es sonst zu Wechselwirkungen kommen kann!

Prof. Henri Huchard (1844-1910) sagte einmal:

„Wasser arbeitet im Körper durch das, was es mitnimmt, und nicht durch das, was es mitbringt."

Prof.Dr. Ingo Froboese von der Deutschen Sporthochschule in Köln ist folgender Meinung:

„Wasser ist das wichtigste Lösungs- und Transportmittel. Wasser, das schon gesättigt ist, kann seine Aufgaben im Körper nicht verrichten."

In Leitungswasser findet man:

- Viele Hormone
- Chemikalien durch Pflegeprodukten
- Chlor durch Reinigung der Klärwerke
- Medikamentenrückstände
- Parasiteneier

Zudem werden die Grenzwerte ständig erhöht, da die Klärwerke einen Großteil der schädlichen Stoffe nicht mehr richtig aus dem Wasser filtern können. Die Wasserleitungen bestehen meist aus Messingrohren, bei dem durch Wasser ein Bleianteil herausgelöst wird.

Vermeide unbedingt Leitungswasser und Wasser aus Plastikflaschen. Trinke am besten gereinigtes, gefiltertes, strukturiertes und energetisiertes Wasser. Wir empfehlen mindestens „Lauretana" Quellwasser in Glasflaschen oder eine Quellwasser-Tankstelle im eigenen Haus.

Wie das geht?

Weitere Informationen auf www.100-prozent-leben.de

dieses Buch soll Ihnen und Ihren Lieben dabei helfen, zu neuer Kraft und Gesundheit zu gelangen. Borax ist ein leider verbotenes, aber wunderbares Heilmittel. Wir sollten uns mehr für die geheim gehaltenen und natürlichen Mittel gegen Krankheiten, besser gesagt **für die Gesundheit** einsetzen. Industriell hergestellte Medikamente sind unnatürlich und unterdrücken meist nur die Symptome.

Auch Vitaminpräparate sind zudem fast ausschließlich anorganisch und können vom Körper nur schlecht bis gar nicht aufgenommen werden. Dadurch tut die Pharmaindustrie unserem Körper nichts Gutes. Wir schädigen uns mehr als dass wir uns damit heilen.

Ich bitte Sie nun, die Informationen, die Sie in diesem Buch erhalten haben, an Ihre Bekannten und Verwandten weiterzutragen. Bei bereits ereigneten Heilungserfolgen würde ich mich freuen von Ihnen zu hören.

Ich wünsche nun alles Gute, sowie Licht, Liebe und Heilung für Sie und Ihre Lieben.

Ihr Sebastian Krenz

Leider kann ich mit diesem Buch nicht auf alle Krankheiten und spezielle Leiden jedes Einzelnen eingehen. Bei vielen Beschwerden wirken auch andere *geheime* Alternativen heilender als alle Medikamente.

Wenn Sie dieses Buch erworben haben, können Sie ein kostenfreies Online Coaching vereinbaren. Danach berate ich Sie gern auch bei weiteren Terminen.

Für mehr Informationen zu Gesundheit, Coachings, Kursen, Meditationen besuchen Sie bitte folgende Webseite:

www.100-prozent-leben.de

weitere Bücher von mir

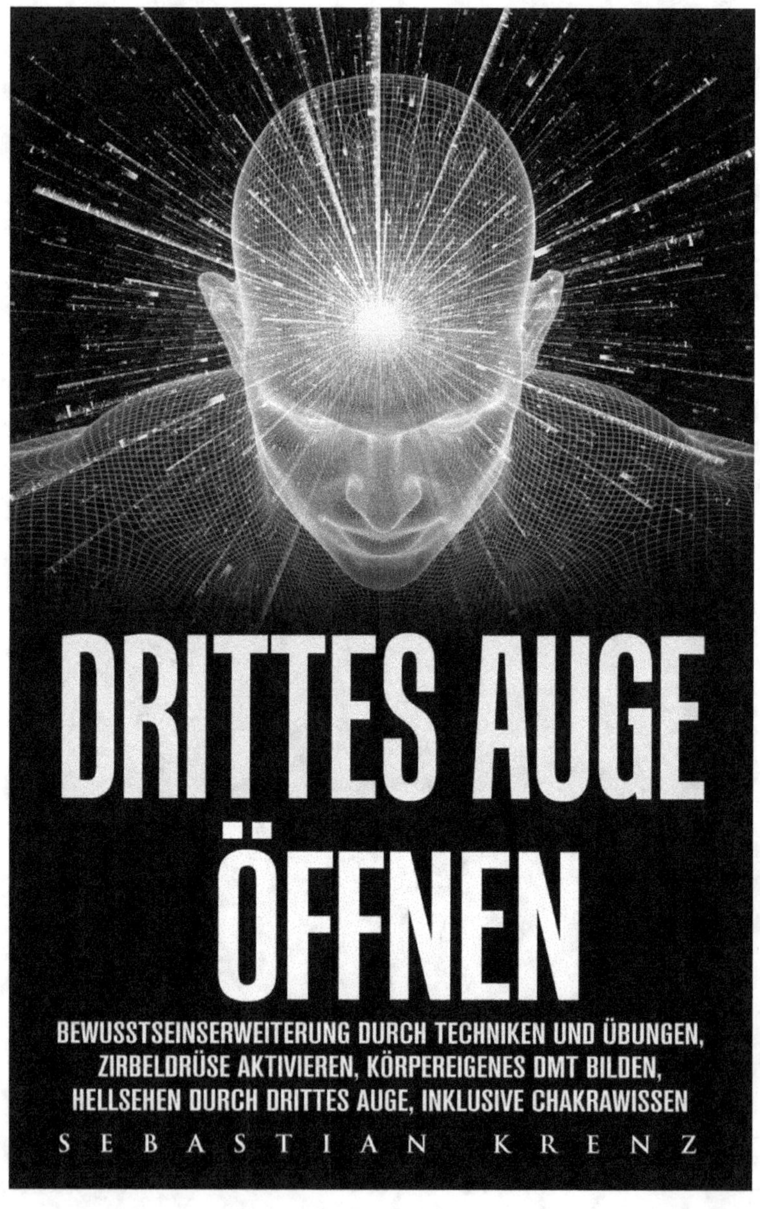

Das Dritte Auge

Der Inbegriff menschlicher Spiritualität und seines Zugangs zu den Welten des Geistes außerhalb von Raum und Zeit. Das Dritte Auge ist in allen spirituellen Traditionen der Menschheit bekannt.

Die Zirbeldrüse ist das Organ im Menschen, über das er Zugang zu geistigen Welten hat. Trotz vieler Überlieferungen gibt die Zirbeldrüse immer noch große Rätsel auf. Besonders der in neuester Zeit oft untersuchte Neurotransmitter DMT, der von der Zirbeldrüse ausgeschüttet wird und als die „stärkste" heute bekannte, natürliche psychedelische Substanz, die zu extremen geistig-seelischen Erlebnissen führt, gilt.

Erfahre in diesem Buch:

- Was das Dritte Auge ist und wie es funktioniert
- Mit welchen täglichen Praxisübungen du das Dritte Auge am wirkungsvollsten öffnen kannst
- Wie das Chakrensystem aufgebaut ist und für welche Bereiche jedes einzelne Chakra zuständig ist
- Wie du die stärkste psychedelische Substanz in deinem Körper gezielt bilden und nutzen kannst
- Wie du deinen eigenen Ayahuasca Trank herstellst
- Wie du dein Bewusstsein auf das höchste Level bringst

Tauche ein in die höchste Bewusstseinsebene…